Heinrich Kemner

DIE WAHRHEIT MACHT UNS FREI

Heinrich Kemner

DIE WAHRHEIT MACHT UNS FREI

Chancen und Grenzen in Psychologie und Seelsorge

Reinhard Kawohl Wesel
Verlag für
Jugend und Gemeinde

Taschenbuch-Bestell-Nr. RKW 219

Verlag für Jugend und Gemeinde

Titelfoto: P. Santor
Umschlaggestaltung: RKW

ISBN 3 88087 219 8

Inhalt

Unterschied zwischen Psychologie und Seelsorge

Das Thema erklärt sich aus der Betroffenheit und Fragestellung unserer Stunde. Die Psychotherapie hat seit Freud und seinen Schülern nicht nur im akademischen Raum Interesse geweckt. Auch in Theologie und Kirche haben sich die Türen soweit geöffnet, daß die Grenze zwischen Psychologie und Seelsorge so markiert werden muß, daß sie einsichtig ist. Was erwartet man in angefochtener Lage von einem Psychologen und was erwartet man von einem Seelsorger?

Psychotherapeutische Methoden in der Gesprächsführung mit Einzelpersonen und Gruppen haben in der Kirche einen Dammbruch bewirkt, daß oft nicht mehr klar deutbar ist, ob Martin Luther oder Sigmund Freud am Steuer sitzen. Was ist nun der Unterschied zwischen Theologie und Psychologie?

Die Psychologie reduziert den Menschen auf sich selbst. Das Personsein des Menschen wird nicht als Synthese zwischen Zeit und Ewigkeit gesehen. Es wird hier

der Versuch gemacht, das Menschenbild in Selbsterfassung zu erkennen. Dieser Dammbruch ist deshalb verhängnisvoll, weil im Lichte der Bibel eine Deutung des Menschenbildes ohne seinen Bezug zur Offenbarung Gottes nicht möglich ist. Wer den Menschen aus diesem Bezug herausnimmt, wie Freud es versucht, und die Gläubigkeit als neurotisch deutet, reduziert den Menschen auf sich selbst. Das ist aber das Wesen des Unglaubens. Diese Selbsttäuschung kommt dem natürlichen Menschen in seinem Wunsch nach Selbsterfassung sehr gelegen. Es wäre doch eine wunderbare Sache, wenn wir uns selbst in der Komplexität unserer Existenz, in den Bezügen der Mitmenschlichkeit ohne Offenbarungsbezug begreifen könnten.
Wer den Menschen in den Belastungen der Umwelt sieht, in der Mitgift seiner Gene, in den Mängeln der Erziehung, kann ihn nur in seinem Elend sehen. Wer dann noch in der Psychologie die Zündschnur des Gewissens zu entschärfen sucht und die Frage von Sünde und Schuld ausklammert, steht in der Gefahr, die Erlösung zur Selbsterlösung zu machen.

Damit die Grenzpfähle zwischen Psychologie und Seelsorge wieder klar markiert werden, sei herausgestellt, daß die Seelsorge im Ansatz, im Inhalt und in der Zielsetzung sich grundsätzlich von psychotherapeutischen Methoden unterscheidet. Die Seelsorge ist an die Glaubenswahrheiten der Bibel, an die Person des Erlösers Jesus Christus gebunden. Von dieser Mitte her können die Erkenntnisse der Wissenschaft, auch der Psychologie, mit in das Urteil einbezogen werden. Sie sind aber nicht in letzter Instanz für das Urteil bestimmend. Es ist ein Unterschied, ob man das Gewissen als Stimme Gottes oder als Stimme der Eltern versteht. Die Frage von Schuld und Sünde, die Frage von Vergebung und Gnade beantwortet der Psychotherapeut anders als der Seelsorger.
Das Ziel der Seelsorge ist das Seelenheil. Nur die Wahrheit in Jesus Christus macht von uns selber frei. Das Ziel der Psychotherapie ist nicht das Seelenheil, sondern die aus dem Eigenen bewirkte seelische Gesundheit. Was darunter zu verstehen ist, darüber gibt es so viel verschiedene Deutungen und Erklärungen, daß man sie nicht auf einen Nenner brin-

gen kann. Und noch etwas: Psychologe und Psychotherapeut kann ich werden, indem ich das Handwerkliche in einem Studium erlerne, Seelsorger zu sein bedeutet mehr.

Wer Seelsorger allein aus dem Erlernten sein will, steht heute oft vor dämonischen Wänden. Er kann sie nur in Vollmacht durchbrechen, wenn er sich in den Auftrag Jesu Christi eingebettet weiß: »Was ihr bindet, ist gebunden; was ihr löst, ist gelöst.« Vollmächtige Seelsorge befreit. Es ist die Tragik unserer Zeit, daß die Kirche sie weitgehend verloren hat. Sie kann sie nur mit den Bettlerhänden der Buße wiedergewinnen.

Den Menschen sehen heißt sein Elend sehen. Dieses Elend deutet sich für die Seelsorge als Verlust eines erfüllten Bezuges. Der alte Vater Bodelschwingh sagte einmal zu meinem Vater: »Halb verrückt sind wir alle. Die ganz Verrückten bringen wir nach Morija in Bethel. Aber was wird aus den Dreiviertelverrückten?« Dies Wort, das schockierend wirken kann, sucht seine Wahrheit im biblischen Menschenbild.

Jesus sah den Menschen so: abgehetzt und verwahrlost. Diese Sicht weckt das

Erbarmen. Sie ist immer die Voraussetzung für die Seelsorge, weil man weiß, in der gleichen Betroffenheit zu stehen, wie der andere. Wer diese Voraussetzung nicht hat, ist versucht, in ein psychologisches Experimentierfeld zu geraten, das Diagnose und Heilungsziel verändert. Diese Gefahr liegt am nächsten, wenn – nach Kierkegaard – das Dämonische uns in seiner Verschlossenheit begegnet und in einem schizoiden Erscheinungsbild, das sich in der Verdoppelung der Existenz deutet. Die Psychologie hat weithin nicht die Voraussetzungen, diesen Teufelskreis zu erkennen, und noch weniger die Möglichkeit, ihn in Vollmacht zu durchbrechen.

Ist in der Psychologie wesentlich, das Unterbewußte des anderen durch Hinterfragung zu erhellen, so ist in der Seelsorge die Hinterfragung nur wesentlich, wenn sie betend und denkend miterlitten wird. Ferner: In der Psychologie besteht die Gefahr, daß der Mensch sich in ein Selbstverständnis flüchten kann, das ihm die Begegnung mit Jesus Christus erspart. Alle biblische Seelsorge sucht aber gerade hier ihre Mitte.

Die Freudkritik Martin Bubers hat sich

in meiner eigenen Seelsorge immer wieder als richtig erwiesen. Er sagt: »Wenn zwei Menschen sich begegnen, dann begegnet Abgrund dem Abgrund.« Dieser Abgrund hat eine unauslotbare Tiefe. Es ist deshalb eine gefährliche Selbsttäuschung, wenn eine gewisse Psychologie den Menschen etwa nur aus den verdrängten Komplexen des Sexuallebens oder der Aggression aufschlüsseln will. Was immer der Mensch an Gegebenheiten im seelischen Raum als Mitgift im Unterbewußten hat, es reicht nicht aus, das Menschenbild recht auszuschöpfen und auszudeuten.

Wenn Nietzsche sagt: »Die Welt ist tief, doch tiefer als der Tag gedacht, tief ist das Weh«, dann möchte ich aus der seelsorgerlichen Erfahrung meines Lebens sagen: »Der Mensch ist tief, doch tiefer als der Tag gedacht, tief ist sein Weh.« Es erscheint deshalb in seelsorgerlicher Sicht notwendig, jede Tiefenpsychologie abzulehnen, die den Menschen in seinen Handlungen allein aus einem selbstgefundenen Leitbild zu deuten versucht. Jede Seelsorge, die echt geschieht, beweist in sich selbst, daß man den Menschen nicht in seiner Rätselfrage ausloten kann. Dabei soll keineswegs verkannt werden, daß eine gute Psychologie im Vorfeld der Seelsorge oder bei bestimmten Fragen der Therapie eine klärende und hinführende Bedeutung für die Seelsorge haben kann.

Wenn man die Psychologien unserer Zeitstunde überschaut, sind sie weithin nicht frei von Momenten, die seelsorgerlich hinterfragt werden müssen. Geht es bei Jung um das Nichtannehmenwollen der eigenen Person und des eigenen Schattens, so bei Martin Buber um das Nichtannehmenwollen des anderen. Überschaut man die Psychologien und therapeutischen Methoden, dann wird deutlich, daß sich die Begriffe der Wirklichkeitsdeutung oft verwischen, überdekken oder auch widersprechen. Man sucht die Deutung eines Komplexes, der im Grunde so lange verdeckt bleibt, wie man selber nicht den Mut findet, sich in der eigenen ungelösten Komplexität, in seiner ungelösten Lebensfrage, Gott zu stellen.

Der Maßstab, mit dem Gott die Tiefe unserer Verlorenheit ausgelotet hat, ist allein in Jesus Christus und seinem Kreuz gegeben. Wer diese Voraussetzung als Psychologe nicht hat, ist in Gefahr, das Heil in Selbsterfassung statt in Gotteserfassung zu verstehen. Die Psychologie ist gefährlich, wenn sie versucht, Schuld und Sünde wegzuerklären oder mit einer Medizin zu behandeln, die die Krankheit zum Tode, um das Wort Kierkegaards zu gebrauchen, letztlich nicht heilen kann. An dieser Frage entscheidet sich der Wert aller Psychologie im Licht vor Gottes Angesicht.

Was verändert den Menschen

Es liegt in keines Menschen Macht, vor Gott den anderen zum Sünder zu machen. Buße und Bekehrungen sind Reaktionen des Anrufes Gottes im Gewissen. Aber die bewußte Sünde wird erst sündig im paulinischen Sinne, wenn der Heilige Geist sie so beleuchtet, daß sie sündig wird. Jede Erweckung sucht hier ihr Geheimnis. Ohne heiliges Erschrecken, ohne das tiefe Zittern, ja, ohne Höllenangst, gibt es auch heute keine Begegnung mit dem Gott von Horeb und Sinai.
Wer entdeckt nicht die gelebte Lüge, wenn der Aschermittwoch kommt? Wer kann noch ausweichen, wenn der Gestellungsbefehl in vollmächtiger Verkündigung zur Begegnung mit Jesus Christus führt? Bei allen Erweckungen meines Lebens hat sich mit dem Erwecktwerden der anderen die eigene Erweckung wiederholt. Nur so bleibt das Glaubensleben gesund. Was bleibt noch, wenn der Heilige in Israel, der Augen hat wie Feuerflammen, uns in den verborgensten Tie-

fen aufdeckt und uns in den geheimsten Absichten überholt? Aber dieser Zerbruch ist immer Gewinn, dieser harte Zugriff wird zur heilsamen Genesung.
Nie habe ich in meinem Leben die verborgene Eitelkeit meines Herzens mehr erkannt als in dem Augenblick, als mir die Pistole der SS an der Schläfe saß. Ich wurde in einer Nacht des Jahres 1942 überfallen, die Kugel verfehlte das Ziel, der Schädel wurde mir eingeschlagen, und doch war alles nach psychologischem Maßstab Gottes Gewinn für die Selbsterkenntnis.
Alle Anfechtungen werden zur heilsamen Kur Gottes, wenn sie uns vom Eigenen in das Geschenkte bringen. Jedesmal, wenn unsere Rehabilitanden bei mir anklopfen und ihre Seelenvergiftung und ihre Selbstverliebtheit entdeckt haben und ihnen einsichtig wird, daß sie mit den Pornoheften und Filmen aus falschen Quellen schöpfen, weiß ich und wissen meine Mitarbeiter, daß sie die Grenze von Psychologie zur Seelsorge überschritten haben.
Alle Sexualsünden beginnen in der Gedankenwelt. Die Heiligung unseres Lebens hat hier ihren Ansatz. Das Eigene

sucht immer Erfolg, aber der Herr sucht am Schluß der Bergpredigt bei seiner Gemeinde die Frucht. Welche Selbsttäuschung kann gefährlicher sein, als die, wenn man erst erwacht, wenn es für eine Korrektur zu spät ist? Es sollte bei aller Verschiedenheit unserer geistlichen Ausrichtung unser aller Sorge sein, daß wir nicht bei dem scheinbar frommen Haufen enden, der bei aller Betriebsamkeit doch hören muß: »Ich kenne euch nicht.«

Es ist nach Johannes 16 die Aufgabe des Heiligen Geistes, daß er uns zu Sündern macht. Die ungeheuerlichste Arbeit der Weltgeschichte hat Gott im Kreuz seines Sohnes erfüllt: »Mir hast du Arbeit gemacht mit deinen Sünden und Mühe mit deinen Missetaten.« Diese Arbeit bewirkte das Wunder der Vertauschung, von dem die Kirche lebt: »Er wurde unsere Sünde, damit wir würden Gerechtigkeit Gottes.« Hier hat die Seelsorge Gottes die Vertrauensfrage gestellt, die durch keine Psychologie ersetzt oder retuschiert werden kann.

Alle Erweckungen fangen im Pendelschlag von Gesetz und Evangelium an. Wer nicht zum Sünder wurde, kann mit

Jesus nichts anfangen. Dieses Geschehen kann kein Prediger ohne Vollmacht bewirken. Die eigene Ehre unterm Kreuz begräbt man nur, wenn alle Wege verbaut sind. Spurgeon hat recht, wenn er sagt, daß jeder, der sich nicht als eingebildeter, sondern als echter Sünder vor Gott begreift, schon mehr als halb gerettet ist und nur noch schwer verlorengehen kann. Warum? In unserem Ende liegt immer Gottes Anfang, wenn wir die Sünde nicht mit psychologischen Mitteln namenlos machen oder retuschieren, sondern im Verlust der eigenen Ehre die Gerechtigkeit allein durch den Glauben verbindlich annehmen. Nur wer sich unterm Kreuz selber begräbt, steht nach Johannes 16 in der Gerechtigkeit zum ewigen Leben auf.

Es ist die Frage an unsere Kirche, ob sie noch Seelsorger von Format hat, die die geängstete und vom Feind versuchte Herde in die ewigen Hürden bringen können. Wenn der Sünder Christus begegnet, geschieht Christus selber. Begegnung ist nur möglich, wenn man sich Christus ausliefert. »Woran du dein Herz hängst, das ist dein Gott«, sagt Luther. Wenn Psychologen von dieser Begegnung her kommen, können sie im Vorhof der Kirche einen ungeheuren Dienst tun und selber von der Psychologie zur Seelsorge führen. Eine solche Psychologie wollen wir erbitten. Sie kann nicht mit intellektuellen Mitteln, sondern mit betenden Händen geschenkt werden. Ebenso wollen wir erbitten, daß Pfarrer und Seelsorger der Psychologie nicht eine schöpferische, verändernde Kraft zutrauen, die nur allein im Geheimnis des Kreuzes Jesu Christi zu finden ist. Man kann durch eine psychologische Faszination die Unmittelbarkeit zum Herrn verlieren, so daß man für die Seelsorge völlig unbrauchbar wird.

Es ist gewiß richtig und wichtig, daß wir als Gemeinde Jesu mit allen Mitteln in dieser untergehenden Welt die Botschaft Christi so bezeugen, daß alle, die zum ewigen Leben berufen sind, sie annehmen. Wir sollten das auch mit psychologischen Überlegungen tun und mit einer Werbung, die nicht uns selbst, sondern den Herrn in die Mitte stellt. Bedenken müssen wir, daß wir nie durch das Gewollte nach der Frucht hin wirken, sondern nur durch das Geschenkte. Wenn wir mit psychologischen Mitteln dem

Herrn selbst im Wege stehen, sollten wir diese Mittel nicht benutzen.
Ich bin in der Seelsorge, wenn ich die Nähe zum andern suchte, immer für psychologische Kenntnisse und Hilfsmittel dankbar gewesen. Deshalb sollte niemand diese Zeilen als einen Angriff auf die Psychologie grundsätzlich verstehen. Wir sollten aber bedenken, daß nicht nur wichtig ist, was ich mit dem Gelernten tue, sondern wie ich es tue, und in welchem Bezug ich es tue. Wenn zwei dasselbe tun, ist es noch lange nicht dasselbe.

Psychologie und Beichte

Die psychologischen Denkkategorien können Hilfe sein, wenn sie uns Anstoß werden, den andern zu verstehen und ihm Nähe zu schenken. Das erreicht man nur durch ein betendes Denken, in keinem Falle durch eine unnatürliche Heiligkeit, sondern nur in einer geheiligten Natürlichkeit. Nur wer sich selber losläßt, kann Christus ergreifen. In der Verkündigung können psychologische Mittel gefährlich werden. Mir ist aus meiner eigenen Erfahrung gewiß, daß manche Predigten in unseren Kirchen ein ganz anderes Erweckungsecho hätten, wenn wir unser Geltungsbedürfnis so begraben könnten, daß wir die gelebte Demut fänden, die unterm Kreuz behaust ist, wie Luther im Magnifikat sagt.
Wir sollten eine Verkündigung ablehnen, die das Tremendum und Fascinosum vor dem Herrn aufhebt. Im Computerzeitalter, wo die Hypostase des Gedanklichen immer mehr zunimmt, muß sich notwendigerweise die Mauer gegen

eine nur lehrmäßige Verkündigung immer mehr verhärten. Gefragt ist eine Verkündigung, die im seelsorgerlichen Geschehen nicht an der Oberfläche plätschert, sondern die geistlich vertieft und aufrichtet. Es ist gewiß richtig und wichtig, daß die Bibel von Charismen spricht. Aber auch sie können vom Feind torpediert werden. Charismen haben ihren Wert, wenn sie geschenkt und nicht mit »Kunstdünger« gezüchtet werden.

Unter einer vollmächtigen Verkündigung geschehen Krankenheilungen auch heute noch. Aber auch, wenn wir nach den Anweisungen von Jakobus handeln und Zeichen und Wunder geschehen, darf das Zeichenhafte nicht übergehen in eine Vermarktung. Wer die Abgründigkeit im Menschenherzen kennt, betet für seine Kirche, daß der Herr sie nicht durch Zeichen und Wunder erwekken möge, die Suggestion und Begeisterung erzeugen, die im Strohfeuer des Eigenen enden und überlagert werden vom Rauhreif des Feindes. Zeichen und Wunder können wohl den Glauben anregen, aber nie den Glauben bewirken.

Aus dem Angeführten dürfte deutlich geworden sein, daß die Psychotherapie für die Seelsorge eine nicht geringe Bedeutung hat, wenn sie, wie bei uns in Krelingen, Wegweiser zur Seelsorge wird. Sie kann auch selber, wenn sie mit geistlicher Vollmacht ausgerüstet ist, seelsorgerlich handeln, wenn die Stunde Gottes geschenkt ist. Niemals ist der Mensch so echt vor Gott, als wenn er Bankrotteur wird. Wer wie Paulus weiß, daß er fleischlich unter die Sünde verkauft ist, für den ist nur noch eine Frage wichtig: »Ich elender Mensch, wer wird mich erlösen vom Leibe dieses Todes?«

An zwei Beispielen, die mir beide beichtmäßig freigegeben sind, möchte ich deutlich machen, worin die Gefahr einer Psychologie besteht, die nicht in den Beichtstuhl führt, den Gott im Kreuz seines Sohnes für uns alle gebaut hat: Ein junger Mann kam zu mir. Er war der einzige Sohn einer gläubigen Mutter. Als Junge geriet er in die Drogenszene. Eines Nachts kam er vom Trip nach Hause. Er schellte an der Haustür. Als die Mutter ihm öffnete, sagte sie: »Junge, mußte das sein?« Der Sohn gab eine Antwort, die ich nicht wiedergeben will. Die Mutter, mit ihrem schwachen Herzen, regte sich da-

durch so auf, daß sie tot vor seinen Füßen niederfiel.
Der junge Mann ging in seiner Gewissensnot zu verschiedenen Therapeuten. Nach den Sitzungen fühlte er sich jedoch nur relativ befreit. Er machte einen Selbstmordversuch. Dann kam er nach Krelingen. In der Beichte unter dem Kreuz konnte er sich neu annehmen. Er wird jetzt Missionar.
Zweites Beispiel: Die einzige Tochter erlebte den Schlaganfall ihrer Mutter, die dadurch halbseitig gelähmt wurde. Es passierten, wie es nicht anders sein kann, unliebsame Dinge. In einem erregten Augenblick, als wieder das Bett naß war, überforderte sie die Reizschwelle ihres Nervensystems. Sie nahm alle Beruhigungsmittel, die sie fand, tat sie in ein Glas und gab sie der Mutter zu trinken. Eine Stunde später war die Mutter tot. Der Arzt stellte den Totenschein aus und meinte: Es konnte ja nicht anders kommen. Nach der Beerdigung wurde im Gewissen die unbewältigte Vergangenheit wach. Die Hilfen der Psychotherapie führten nicht in die Freiheit. Nur in der Beichte unter dem Kreuz konnte sie sich wieder annehmen.

Der Weg zur Bekehrung

In der Seelsorge habe ich leider oft beobachten müssen, daß Brüder, die sich zu weit in das Gefilde tiefenpsychologischer und psychotherapeutischer Phänomene und Experimente hineinwagten, die Unmittelbarkeit des Glaubens verloren haben und Schaden für ihren eigenen Auftrag nahmen. Wer kennt nicht die Glatteissituationen, wo wir oft meinen, zu schieben und doch entdecken müssen, daß wir geschoben werden.

Bei diesen Gedankengängen möchten wir für die Kirche erbitten, daß sie anstelle einer Surrogatseelsorge, auf dem Markt der Möglichkeiten oft getarnt und bedrängend angeboten, die wahre biblisch orientierte Seelsorge wiederfindet. Sie ist freilich nicht organisatorisch machbar. Sie kann nur in einer geistlichen Erneuerung geschenkt werden. Das gilt besonders für die Ausbildungsstätten unserer jungen Theologen.

In der Psychologie ist das sogenannte Gute das Richtige, das sogenannte Böse das Falsche. Aber dadurch, daß man die Quellen des Verhaltens analysiert und interpretiert, wird der Mensch noch lange nicht in seiner Verantwortung vor Gott gesehen. Die retuschierte Schuldfrage ist noch keine überwundene.

Kierkegaard sagt: »Laßt uns den größten Verbrecher denken, der jemals gelebt hat und dann, daß die Psychologie zu der Zeit eine noch herrlichere Brille als bisher auf der Nase hatte, so daß sie dem Verbrecher erklären könnte, daß das Ganze eine Naturnotwendigkeit sei. Warum? Nun, sein Gehirn sei zu klein gewesen. Welch ein Entsetzen, wenn er aus psychologischen Gründen freigesprochen wird, wenn er von weiterer Anklage vor dem irdischen Gericht freigesprochen wird und dann den Vergleich nimmt mit dem Urteil, den das Christentum über ihn fällt, nämlich, daß er zur Hölle fahren wird, wenn er sich nicht bekehrt.«

Die retuschierte Schuldfrage ist noch keine überwundene. Die größte Selbsttäuschung aber wird dieses Surrogat echter Seelsorge, wenn man meint, man könne die abgründige Tiefe im Menschen und damit den Menschen selbst aufschlüs-

seln. Die Flucht in die Ideologien und die Erfindung immer neuer psychologischer Therapien ist der Beweis für die Seelsorge, daß die Unruhe in der ungelösten Menschheitsfrage im selben Maße wächst, wie die Wellen der Angst steigen. Je mehr sich die Kirchen der Vermassung der Methoden im Verlust der eigenen Mitte verschreiben, umso leerer werden die Seelsorgezimmer der Pfarrer.
Jede psychologische Methode ist in Gefahr, in Selbsttäuschung zu enden, wenn sie den eigentlichen Krebsschaden von Sünde und Schuld beim Menschen nicht so ernst nimmt, wie Gott uns im Kreuz Jesu Christi ernstgenommen hat. Es ist sicherlich richtig und wichtig, daß die Psychologie uns deutlich macht, daß gewisse Tabus der Moral, wenn sie vergötzt werden, falsche Rangordnung erhalten. Der Schuldbegriff wird erst erkennbar und deutbar, wenn er sich im menschlichen Gewissen postuliert. Er führt zu Buße und Bekehrung, wenn wir die Ehrlichkeit aufbringen, uns nicht in einzelnen Moralsünden, sondern in unserem ganzen Personsein Gott zu stellen. Solange wir mit psychologischen Mitteln aus dem Teufelskreis flüchten wollen, ge-

lingt das im Grunde nur um den Preis einer gelebten Lüge.
Jesus Christus sagt: »Die Wahrheit macht uns frei.« Sie ist deshalb für den alten Menschen so hart, weil wir in jedem Fall unseren Anspruch und unsere eigene Ehre begraben müssen. Für die Zöllner und Sünder, für die Beats und Gammler ist deshalb der Weg zu Jesus leichter als für alle, die sich als ehrbare Leute lieber in die Sprechzimmer der Psychologen flüchten, als in den Beichtstuhl vollmächtiger Seelsorge. Sünde und Schuld deuten sich nicht in intellektueller Reflexion, sondern in einem Zustand der Verzweiflung und Gottverlassenheit des Herzens. Wer so Gott sucht, hört Heimatglocken in Jesus Christus.
Von der Sünderin wird berichtet, daß der Pharisäer, der Jesus geladen hatte, bei sich dachte, »wenn dieser ein Prophet wäre, müßte er wissen, was das für eine Frau ist, die ihn berührt.« Für den Pharisäer war der Besuch der Sünderin eine peinliche Angelegenheit. Er dachte in der Kategorie: fromm – frömmer – am frömmsten, schlecht – schlechter – am schlechtesten. Wie ganz anders die Sünderin: Sie findet kein Wort der Entschul-

digung für ihr verludertes Leben. Sie weint die Tränen einer Verlorenen, wo jede Träne vor Gott mehr wiegt, als die formalen Gebete der Selbstgerechten.
Jede Bekehrung und jede Erweckung, die zur Freiheit in Christus führt, liegt im Geheimnis eines Bezugswechsels. Nur im geschenkten Selbstbewußtsein wird der Mensch Persönlichkeit. Liegt im Kreuz Christi im Grunde für den alten Menschen das Ende aller Selbsttäuschung, so ist hier allein ein echter Neuanfang möglich, weil hier die Kraft der Ewigkeit in Christus unser Leben tangiert und befreit. Anders ist das oft in einer Psychologie, die die Schatten der Vergangenheit retuschiert oder verharmlost.

Begegnung mit Jesus

Vor einiger Zeit wurde ich durch einen Bekannten in angesehener Stellung in die Seelsorge gefordert. Der Sohn, für den die Eltern alles an Opfer gebracht und alles getan hatten, war in eine nervliche Krise gekommen. Der Psychotherapeut hatte dem jungen Mann klargemacht, daß die Umstände und eben gerade die Verwöhnung durch das Elternhaus die Ursache für seine Fehlentwicklung seien. Die Eltern seien schuldig, weil sie ihn an der Selbstverwirklichung gehindert hätten. Mit dieser Diagnose war für den Sohn ein Bruch zum Elternhaus entstanden, der seelsorgerlich nur schwer überwindbar wurde.

Mit dem Intellekt kann man alles erklären und alles entschuldigen. Nur in der Begegnung mit Christus wird Sünde Schuld, ist sie sogar verbunden mit Höllenangst, und nur in der Begegnung mit Christus erreichen wir die Grenze der Wiedergeburt und die Gotteskindschaft.

Alles verstehen heißt nicht, alles entschuldigen. Wer die Sünde namenlos macht, verrät die Heiligkeit Gottes. Wenn die Psychotherapie das nicht tut, hat sie für die Seelsorge eine eminente Bedeutung. Das gilt aber nur dann, wenn sie Funktion der Seelsorge ist, oder wenn sie selber die Vollmacht und den Tiefgang hat, seelsorgerlich zu handeln. Wer den Sündenbegriff im eigenen Libertinismus auflöst oder die Sünde retuschiert, handelt verantwortungslos und betrügt den andern um den Durchbruch zur Freiheit, zu der ihn Christus befreit hat.

Nur die Freiheit erlöst uns von der Gewissensangst. Christa Meves sagt: »Das Gewissen ist ein Helfer in unserem Leben. Es ist auch der Wächter, der dafür sorgt, daß die Triebenergie in unserem Seelenhaus immer in rechter Weise reguliert wird.« Das Gewissen kann aber auch der Folterknecht sein, der uns in die Hölle stürzt. Es ist für die Therapie deshalb wichtig, daß sie genau darauf achtet, wo die Sünde Sünde wird und die Vergangenheit Schuld. Sünde wird Schuld, wenn der Mensch sich in seinem Gewissen dem Urteil Gottes stellt. Sünde

wird Schuld, wenn man nicht mehr vor dem ausweichen kann, der uns mit den Augen der Bergpredigt sieht, und der uns in seinem Kreuz und seiner Auferstehung in unseren Vorbehalten überholt hat. Es ist die Situation des 139. Psalms. Es ist das Wissen, wie Kierkegaard es ausdrückt, daß die Polizei Gottes uns überholt hat und in jedem Fall an der Endstation unseres Lebens auf uns wartet.
In dieser Wüstensituation wird der Glaube die einzige Möglichkeit, das Risiko im Wagnis, das Jona einging, als er wußte, daß er Gott verschuldet war. Jona übte nicht Selbstmord. Er sagte »werft mich ins Meer« und überließ sich einzig und allein dem Urteil Gottes. Er floh ins Wagnis des Glaubens auf Gedeih und Verderb. Luther sagt: »Jona floh gegen Gott zu Gott.« Und was geschah? Er erfuhr das Wunder der Rechtfertigung. Die Erfahrung, die er machte, war: »Die sich an das Nichtige halten, versäumen ihre Gnade.« Die Psychotherapeuten sind keine Gerichtsvollzieher und die Seelsorger keine Staatsanwälte. Wenn der Mensch Buße sucht und sie nicht findet, kommt er in die Krisis, die Luther so ausdrückt:

»Die Angst mich zum Verzweifeln trieb, daß nichts denn Sterben bei mir blieb, zur Hölle mußt ich sinken.«
Welch eine herrliche Grenzerfahrung wird da das Kreuz. Hier wird der Mensch frei durch die Buße, die Gott uns selbst in der Gottverlassenheit seines Sohnes anbietet. Die Gnade und Wahrheit sind durch Christus geworden. Die eigentlich befreiende Beichte unseres Lebens liegt deshalb in der dauernden gelebten Abhängigkeit vom Kreuz Christi. Das weiße Kleid der Bibel ist deshalb nichts anderes als Existenz ohne Vergangenheit. Die Heiligung unseres Lebens ist deshalb eine immer stärkere Abhängigkeit und Verbindlichkeit zu der Wirklichkeitsdeutung Gottes im Kreuz seines Sohnes.
In den vielen Beichten, die ich in meinem Leben hören mußte, ist mir deutlich geworden, daß die eigentliche Sünde, der Grundschaden unseres Lebens, der Anspruch der Selbstgerechtigkeit vor Gott ist. Keine Sünde ist so gefährlich, wie der Anspruch im Eigenen und das Leben aus diesem Bezug. Warum? Weil die eigene Gerechtigkeit nie begreifen kann, daß Gott in Jesus Christus die Gottlosen

sucht und sie gerecht macht. Als Jesus über diese Erde ging, haben die Verlorensten in Sekundenschnelle begriffen, daß Jesus Gottes Sohn war und ihn verbindlich als Herrn angenommen.
Nur in unserem Ende liegt Gottes Anfang in Jesus Christus. Wer kein Sünder ist, kann mit Jesus nichts anfangen. Er baut sich seine Ideologien. Ihm fehlt die Voraussetzung zur Annahme der Gnade. Als ich vor einiger Zeit in einer Studentenversammlung war, rief mir ein Professor zu: »Glauben Sie wirklich, daß man nur über Christus zu Gott kommen kann? Gibt es nicht auch andere Ideologien, die zu Gott führen?« Ich gab die Antwort: »Religiöse Ideologien gibt es in Mengen in dem Pantheon der Religionen. Ideologien gibt es en masse in den Philosophien von Sartre bis Camus. Jesus hat nie gesagt, daß er uns eine neue Ideologie, eine Verstandesvorstellung von Gott bringen wollte. Er hat gesagt: ›Ich bin der Weg, die Wahrheit und das Leben; niemand kommt zum Vater, denn durch mich.‹ Wer den Weg aus der Bindung in die Freiheit, aus der Wüste in die Geborgenheit, aus dem Umgetriebensein in die Heimat mit ganzem Herzen sucht, findet in Je-

sus nicht eine Ideologie, sondern den Vater.«

Die Samariterin wollte Wasser für ihr Mittagessen holen; aber in der Begegnung mit Jesus ließ sie ihren Krug stehen. – Zachäus wollte wissen, wer Jesus wäre; und als er ihm begegnete, wandelte sich augenblicklich sein Leben. Er brachte alle Betrügereien in Ordnung. – Levi folgte Jesus ohne Kündigung. Die Unmittelbarkeit des Anrufes war für ihn Sicherheit genug, Beruf und Erfolgsdenken aufzugeben. – Nathanael wußte in Sekundenschnelle, daß Jesus ihn im Geheimnis seiner Schuld gestellt hatte. Vollmächtige Begegnung mit Jesus überholt alle Vorbehalte. Er bekannte: Du bist Gottes Sohn. – Freilich, dies Bekenntnis ist nicht lehrbar und nicht machbar. Hat Kierkegaard nicht recht, wenn er sagt, daß es letztlich gleichgültig ist, welche Philosophie oder Theologie gerade am Drücker der Zeitgeschichte ist. Keine einzige kann uns die Überzeugung geben, daß Jesus Gottes Sohn ist. Die Bedingung zu dieser Erfahrung heißt immer noch: Wer wirklich tun wird, was ich sage, wird erfahren, wer ich bin. Was heißt das anderes als das

Wunder, daß jeder Christ wissen muß: Wer sich selbst und seine Schuld am Beichtstuhl Gottes beichtet, wer aus der gelebten Lüge, fromm oder unfromm, erwacht und sich selber so, wie er ist, abgibt und die Gnade annimmt, wird frei von sich selbst und erfährt, daß Jesus Gottes Sohn ist.

Es ist nicht nur die Erfahrung Luthers, sondern die Erfahrung der Seelsorge überhaupt, daß der Ansatz, den Teufelskreis im eigenen Leben zu durchbrechen, immer im Gewissen beginnt. Die vergeblichen Versuche mit eigenen Mitteln, Willensdisziplin und den Versuch im Eigenen, eine Reue zu finden, die Veränderung bewirkt, erweisen sich, wenn man die Krankheit zum Tode lebt, nicht als Hilfe. Viele gehen dann in solchen Seelenängsten, die oft zur Depression und sogar zum Selbstmord führen können, in die Psychoanalyse. Ein gewisser heilender Effekt wird in manchen Fällen zunächst erreicht. Diese Erleichterung im depressiven Schuldgefühl wird dadurch bewirkt, daß durch das Zuhören der Psychotherapeut zum Mitwisser der Seelennot gemacht wird. Der Kranke fühlt sich nicht mehr so einsam. Er weiß sich in seiner Sündhaftigkeit nicht völlig verlassen. Aber wird damit eine Befreiung oder Änderung erreicht?

Christa Meves sagt mit Recht: »Der Mensch ist in seiner Verzweiflung, in seinem eigenen Ende auf Hilfe von außen angewiesen.« Er ist gewissermaßen auf Fremderlösung hin angelegt. Christa Meves sagt richtig: »Schuld und Reue gleichen auf unserm Lebensweg elektrisch geladenen Zäunen, die uns signalisieren, daß wir an unsere Grenze gestoßen sind.« An dieser Grenze wird das Leben zum Abgrund. An dieser Grenze begegnet Abgrund dem Abgrund, wie Buber sagt. Was kann in dieser Sackgasse helfen? Nur die Einsicht, daß man sein Leben nicht selber bestimmen kann, führt in den Bruch, der Verheißung hat. Sünde wird erst Schuld, wenn der Mensch sich in seinem Gewissen dem Urteil Gottes stellt.

Wer kann vor dem ausweichen, der uns mit den Augen der Bergpredigt sieht. Wer kann noch dem entfliehen, von dem die Bibel sagt: »Nähme ich Flügel der Morgenröte und flöge zum äußersten Meer, oder bettete ich mich in die Hölle, so würde deine Hand mich doch erreichen.«

Jede Selbsttäuschung ist am Ende, an der Grenze, wo die Polizei Gottes uns überholt hat. Christen, die den Marschbefehl Gottes verraten, die ihr Eigenes suchen, sind die gefährlichste Belastung im Schiffe dieser Welt.

Das Kreuz als Beichtstuhl Gottes

Wenn die Psychotherapie sich ernst nimmt, kann sie den Menschen bis an die Grenze führen, in der die Schuldfrage ihn in das Risiko des Glaubens stellt. Seelsorgerliche Hilfe geschieht hier durch Wagnis in Vollmacht. Wenn der Seelsorger weiß, daß der Mensch im Kreuz Jesu Christi in seinem Grundschaden erkannt ist, wenn der Seelsorger das Geheimnis des Kreuzes so kennt, daß im Kreuz Christi Jesus unsere Sünde wurde, damit wir Gerechtigkeit Gottes würden, dann wird er den Mut haben, den Kranken zum Beichtstuhl Gottes zu bringen. Hier kann er erwarten, daß, wenn der Mensch sich selber beichtet, auf alle Selbstrechtfertigung verzichtet, daß Gott größer ist als unser Herz.
Ich habe die Überzeugung, daß der Mensch, wenn er seine Verlorenheit nicht aus eigener Vernunft noch Kraft vor Gott erkennt, daß er dann schon mehr als halb gerettet ist. Die Glaubenserfahrung ist im Grunde eine Erfahrung

jenseits aller Erfahrung. Das Geheimnis der Sünde vertauscht sich mit dem Geheimnis mit Jesus.
Tatjana Goritschewa schreibt in ihrem Buch »Die Kraft christlicher Torheit«: »Hier im Westen, wo es von allem zuviel gibt, hört man nur von Teuerung und steigendem oder fallendem Dollarkurs. Undankbarkeit ist der Anfang des Selbstmordes. Ein betender Mensch wird zwangsläufig zum Liebenden. Das Gebet schenkt den Wagemut, ohne den man nicht zu handeln beginnen kann. Nur wo es Leiden gibt, öffnet sich das Herz selbst zur Reue und lernt in die Tiefe zu sehen und nicht nur die sozialen und politischen Zustände für seine Not verantwortlich zu machen, sondern die Schuld zuerst bei sich zu suchen. Deshalb dürstet man in Rußland so sehr nach der Beichte: Man will sein Inneres läutern und sich von der Sünde reinwaschen.
Im Westen dagegen gibt es die Beichte fast nicht mehr. Es ist sicherlich schwieriger in der freien Welt – ich sage das ohne Ironie, im Sinne der Freiheit von äußeren und inneren Spannungen – Reue zu erlangen. Um so kostbarer ist sie vor Gott.« (S. 114)

Ist es die Absicht der Psychologie, den Menschen in seinen verdrängten Komplexen so abzuholen, daß er sich selbst in seinem Personsein bejahen kann, dann fängt dort, wo die Psychologie aufhört, die Seelsorge an. Weil der Mensch eine Synthese zwischen Zeit und Ewigkeit ist, bedeutet diese Selbstannahme noch nicht die Freiheit von Bindungen im Eigenen. Nur um den Preis der Selbsttäuschung kann der Mensch, wenn er die Frage von Schuld und Sünde in angefochtenem Gewissen überfährt, sich einen Freiraum schaffen, in dem er träumt, sich selbst zu verwirklichen. Nur die Wahrheit kann uns frei machen, sagt Jesus. Diese Wahrheit ist die radikalste, die es im Himmel und auf Erden gibt. Es ist die Wahrheit, die der Mensch nur mit Bettlerhänden ergreifen kann, die Wahrheit, die den Tod aller Selbstrechtfertigung, aller Selbstgerechtigkeit bedeutet.

Diese ewigkeitliche Wahrheit Gottes, vor dem die Begegnung mit dem Menschen dessen Selbstvernichtung bedeuten würde, hat uns in Jesus Christus die Vertrauensfrage gestellt. Seine Existenz in Raum und Zeit erhebt die Wiedergeburt, als Bedingung für das ewige Leben, zur unmöglichen Möglichkeit. Kierkegaard sagt, wenn Jesus nur ein einziges Mal gesagt hätte: »Dir sind deine Sünden vergeben«, dann war das nur sinnvoll und möglich, wenn er in Vollmacht Gottes handelte. Nach rabbinischer Theologie konnte nur Gott selbst Sünden vergeben. Wenn ein Mensch sich diese Vollmacht nahm, war das Gotteslästerung. Die natürliche religiöse Selbsterfassung des Menschen wird hier so provoziert, daß Seelsorge Gottes hier Wahlentscheidung in der Existenzkrise selbst wird.

Weil ein billiges Namenchristentum vor dieser Entscheidung ausweicht, wandelt sich das Gnadenangebot in Gericht. In der Gleichzeitigkeit, in der Jesus Christus in vollmächtiger Verkündigung geschieht, ist die Freiheit in ihm nur zu finden, indem man das eigene Leben verliert.

Der Übergang von der allgemeinen Religiosität ist ohne eine einmalige und dauernde Bekehrung nicht möglich. Es ist sicherlich richtig, daß wir in der Verkündigung und auch im gelebten Zeugnis der Welt immer im Gebot der Liebe Schuldner bleiben. Ebenso richtig ist, daß jeder Verkündiger die Spannung, die er selber lebt, auch leidend durchstehen muß. Diese Wahrheit ist, daß es in der Seelsorge Gottes letztlich in unserem Leben nicht um ein allgemeines Sündenbekenntnis geht, welches der Tod des wahren Sündenbekenntnisses ist, sondern um eine gelebte Verbindlichkeit, die das Kreuz Christi fordert.

Wer dem Ärgernis des Kreuzes Christi ausweicht, wird nie die Wirklichkeitsdeutung seines Lebens vor Gott finden. Ist es nicht ein Ärgernis, daß der heilige Gott im Beichtstuhl, den er in seinem Sohn für alle Welt gebaut hat, die Sünder und Gottlosen gerecht macht!?

Ein Denken, das sich in der Kategorie sonnt: »Fromm, frömmer, am frömmsten, – schlecht, schlechter, am schlechtesten«, ist unfähig, den Widerspruch zu verstehen, der in Jesus Christus zur Debatte steht.

»Simon, ich habe dir etwas zu sagen«, sagte Jesus dem Pharisäer Simon, der sich darüber entrüstete, daß Jesus sich von einer Sünderin die Füße küssen ließ. »Wenn dieser ein Prophet wäre, dann müßte er doch wissen, was das für eine Frau ist, die ihn berührt.« Wer mit dieser Voraussetzung zu Jesus kommt, steht sich selbst mit einem Trugschluß im Wege. Die Psychologie des Simon war allenfalls herablassende Höflichkeit, widerwillige diplomatische Mitmenschlichkeit mit einer Frau, die das Unerhörte tat, in das Haus eines Pharisäers zu gehen, weil Jesus dort war. Der Weg zur Beichte ist mehr, als die Beichte selber. Die Tränen der Verlorenen, die das Wort für Sünde und Schuld nicht finden und die doch in gelebter Verzweiflung im Betrug der Sünde leben müssen, sind mehr, als das salbungsvolle Wort, das heuchlerisch ohne Demut ist.

Im Computerzeitalter, in dem der Mensch alle Programme einrastet, in dem er sich im Grunde selber abruft, sollte man nicht vergessen, sich von dem Programm abrufen zu lassen, welches Gott im Kreuz Jesu Christi zu unserer Erlösung eingespeichert hat.

Die Überlebensfrage der Kirche hängt von ihrer seelsorgerlichen Vollmacht ab. In meinen jungen Jahren wurden auf meinem Elternhof die Talwiesen oft im Morgentau gemäht. Ich erinnere mich, wie mein Bruder und ich an einem bestimmten Morgen durch den Wecker geweckt wurden. Wir drehten den unbequemen Mahner ab und schliefen weiter. Nach einiger Zeit klopfte das Dienstmädchen an: »Die Zeit ist da zum Aufstehen.« Wir dachten, na ja, das ist ja nur ein Dienstmädchen und schliefen weiter. Plötzlich hörten wir den Schritt der Mutter. War jetzt noch eine Täuschung möglich? Wir versuchten ein Letztes. Weil die Holzschuhe vor dem Bett standen, klapperten wir mit den Holzschuhen. Allerdings standen wir dann wirklich auf. Es gehört viel Gnade dazu, bis der erwachende Mensch, nach allen psychologischen Täuschungen im Eigenen, den Gestellungsbefehl Gottes in Jesus Christus so ernst nimmt, daß er aufsteht und Gott so begegnet, wie er wirklich ist.

Die Grenzfrage der Psychologie hängt an der Selbstsetzung des Menschen; die Grenzfrage der Seelsorge vollzieht sich in der Selbstsetzung Gottes, wie er sich in Jesus Christus geoffenbart hat. Die Wiedergeburt zum ewigen Leben, das Risiko, das das Kreuz Jesu Christi fordert, vollzieht sich in der Revolution der Denkungsart. Der Mensch wird nicht im Selbstbezug frei. Nur im gelebten Christusbezug wird er verändert, wenn er das Wagnis eingeht, Gott auf Gedeih und

Verderb zu glauben. Die dem Himmelreich Gewalt antun, die reißen es an sich. Wer immer einmal mit letztem Ernst versucht hat, Schuld und Sünde in seinem Leben zu bereuen, wird mit Schrecken entdecken müssen, daß das Hemd ihm näher ist als der Rock. Die Selbstliebe, das Fallgesetz im Eigenen, bestimmt unser natürliches Lebensgefühl stärker als die Gottesliebe. Wer dies Fallgesetz in seinem Leben entdeckt hat, hat die Voraussetzung gefunden, daß das Kreuz Jesu Christi in der Seelsorge Gottes die einzige Möglichkeit zu unserer Rettung gibt. Die Wiedergeburt zum ewigen Leben beginnt, wenn durch den Heiligen Geist einsichtig wird, daß die Buße Gottes in Jesus Christus, in seiner Gottverlassenheit ausreicht, um uns das Tor des Paradieses wieder zu öffnen.
Es ist eine traurige Wahrheit, die mir kürzlich jemand sagte: »Ich weiß in unserer Stadt keinen einzigen Pastor, zu dem ich zur Beichte gehen kann.« Die Verlorensten haben in Sekunden bei Jesus begriffen, daß er echt war. Das Geheimnis, daß der Menschensohn Gottessohn war, bestand eben in dem Wunder, das Fleisch und Blut nicht offenbaren.

Wie holen wir ab

Erweckungsbewegung ist Beichtbewegung. Sie sucht Menschen, die das Priestertum der Gläubigen praktizieren. Es ist ein Unterschied, ob ich einem Psychologen beichte, oder ob ich einem Seelsorger beichte. Es wäre aber ein Idealzustand, wenn beides zusammenfiele.
Als in meinem eigenen jungen Leben die Sünde sündig wurde, ich Buße suchte und sie nicht fand, bin ich in meiner Not zu einem einfachen Arbeiter gegangen, der mir in Vollmacht Beichtvater wurde. Ich habe mich oft gefragt, warum ich nicht zu unserm gläubigen Pfarrer ging. Wahrscheinlich lag der Grund darin, daß ich Sorge hatte, ich könnte in der Achtung des Pfarrers fallen, wenn ich ihm meine Sünden beichtete.
Seelsorge sucht offene Türen. Es ist ein Irrtum, wenn man glaubt, wir könnten den anderen, der noch fern von Christus und seinem Heil ist, dadurch gewinnen, daß wir ihm sofort alles berichten, was sich durch den Glauben an Christus alles

bei uns verändert hat. Der andere möchte vorher nicht wissen, was wir besitzen, sondern wissen, was wir entbehren. Nur wenn wir gemeinsam auf der Sünderbank sitzen, und die Veränderung mehr aus unseren Augen strahlt als aus unserem Wort, werden wir ihm Anstoß sein, heimzusuchen und heimzufinden.

Die Vollmacht der Seelsorge ist Begegnung im richtigen Augenblick, so, wie Luther sagt, daß einer des anderen Christus wird. Unsere vielen Worte öffnen nicht das Herz und werden wie bei Maria bewahrt im Herzen, sondern das schöpferische, befreiende Wort öffnet das Herz: »Welchen ihr die Sünden erlasset, denen sind sie erlassen. Welchen ihr sie behaltet, denen sind sie behalten.« Dir sind deine Sünden vergeben im Namen Jesu. Die evangelische Beichte stellt den anderen in eine gelebte Verbindlichkeit zum Opfer Christi. Sie gibt ihm eine neue Lebensmitte, einen neuen Bezug. Die natürliche Lebenserwartung, die Erfolg sucht, wird durch die Glaubenserwartung zielhaft ausgerichtet. In dem Maße, wie wir in der Seelsorge Gottes sind, finden die anderen auch in uns eine offene Tür zur

Seelsorge. Sie ist weniger das Suchen nach dem Besonderen im charismatischen Gefälle des Augenblicks, sondern mehr die gelebte Unmittelbarkeit mit dem auferstandenen Herrn.
Das Kreuz Christi stellt, wenn der Teufelskreis von Schuld und Sünde durchbrochen ist, in eine dauernde schuldnerhafte Betroffenheit. Die Gewißheit der Auferstehung Jesu wird gelebt in einem betenden Denken, das uns fähig macht, jede Einsamkeit in der Gemeinsamkeit mit dem Herrn zu durchstehen.
Weil die Begegnung mit Christus das Geheimnis der Gotteskindschaft enthüllt, wird das Geheimnis von Schuld und Sünde durchbrochen. Das Ziel evangelischer Heiligung verwirklicht sich nun nicht in unnatürlicher Heiligkeit, sondern in geheiligter Natürlichkeit. Manche, die sich sehr leicht vermessen, wie der Pharisäer im Gleichnis, deklarieren sich oft für den, der nach Seelsorge sucht und fragt, zu gewollt und zu gekonnt.
Wo immer wir »in dieser Frommheit« schuldig werden, stehen wir der Sache Jesu oft im Wege. Wer Seelsorger sein will, muß Tragkraft für andere haben. Er

muß, wenn uns der Unglaube auf die Folter spannt und provoziert, den langen Atem haben zu wissen, daß hinter den Widerständen die Siege Jesu verborgen liegen. Nur wer sich auf dem Prüfstand des Glaubens bewährt, wird in der kommenden Stunde den überreflektierten und von sich selbst überzogenen Menschen im gelebten Computerzeitalter noch erreichen können. Luther sagt in seinen Tischreden, daß man auch im Hurhaus noch mit Jesus leben könne und müsse. Hier sehe ich eine große Schwierigkeit im Modell unserer kirchlichen Lage, unserer Gemeinschafts- und Allianzbewegung.
Die Gemeinde Jesu ist auf einen schmalen Grad gefordert. Sie muß sich fragen lassen, ob sie das lutherische »Mittendrinnensein« noch genügend hat und ob sie gleichzeitig in der gelebten Glaubenswirklichkeit Zeugnis und Anruf für den anderen zur Bekehrung ist. Seelsorge, die Christus bezeugen will, muß Christus erleiden. Wie leicht vergessen wir, daß der andere immer mit Vorbehalt fromme Worte hört, die ihm in seiner natürlichen Sehnsuchtserwartung Störsender werden.

In der Jugendseelsorge habe ich lernen müssen, daß die meisten jungen Menschen den Trugschluß voraussetzen, in der Begegnung mit Christus nicht das Leben zu gewinnen, sondern es zu verpassen. Sie meinen oft, sie würden mit Jesus Christus in ihrem natürlichen Wunschtraum gerade das verpassen, was ihnen am Leben wertvoll erscheint. Wenn da nicht prägende Vorbilder in Kirche und Volk geschenkt werden, wie soll sich eine Jugend in dem Labyrinth noch orientieren!?
Vor einiger Zeit hatte ich in einer Großstadt eine Evangelisation. Bei der Gelegenheit bekam ich Kontakt mit der Disco-Jugend. Am Sonnabendabend lud man mich zu einer Aussprache ein. Sie wurde so unmittelbar und lebendig, daß ich mich bis spät in die Nacht den Zweifelsfragen stellte. Wer selber durch den Urzweifel hindurch gesucht hat, hat auch das Erbarmen mit dem anderen in seinen Vorbehalten. Die Jugend wußte, daß ich am anderen Morgen predigen mußte; aber das Opfer hatte sich gelohnt. Als ich in der Morgendämmerung ging, waren wir uns so nahe gekommen, daß der Leithammel sagte: »Ein Lump, wer heute

nicht zu Pastor Kemner in die Kirche geht.«
Als mich der Prälat in der Kirchtür begrüßte und das ungewohnte Bild erlebte, wie Straßenjugend die Kirchbänke füllte, fragte er mich erstaunt, weil das junge Volk mit Handschlag an mir vorbeiging: »Wie ist das möglich?« Ich gab die Antwort: »Das ist möglich, weil ich die ganze Nacht bei dieser Jugend geblieben bin. Ich habe ihre Not erlitten und sie abgeholt, ohne daß sie es merkten.« Wenn die Kirche das lernt, wird die letzte Reihe wach. Wenn sie die Stunde verschläft, sind die Türen zu.
Das Band von der Psychologie zur Seelsorge liegt oft mehr in einem unterbewußten Zug als in einem bewußten. Das Herz stellt seine Frage anders als der Verstand. Die Logik der inneren Begegnung öffnet oft mehr verschlossene Türen, als die geistreiche kritische Problemerklärung.
In meiner alten Gemeinde war ein alter Balgentreter. Jeden Sonntag in seinem Leben hatte er die Orgel bedient. Als ich ihn kennenlernte, war er total taub und konnte kein Wort verstehen. Die Orgel hatte längst ein elektrisches Gebläse,

aber an jedem Sonntag saß er auf seinem Platz an der Orgel. Warum? Die Gewohnheit seines Dienstes war ihm zum zweiten Leben geworden. Er hörte die Musik weiter mit den Ohren des Herzens. Der Psychologe kann dem Seelsorger helfen, indem er ihn hinterfragt. Der Seelsorger kann helfen, indem er im betenden Bezug für den anderen da ist.

Im Gleichnis vom verlorenen Sohn steht der Satz: Als er noch ferne von dannen war, sah ihn der Vater. Er eilte ihm entgegen. Es gibt eine Entfernung, die nicht nach Kilometersteinen oder Lichtjahren zu berechnen ist. Sie steht oft im umgekehrten Verhältnis zu der gelebten Gegebenheit. Wieviel Täuschungen und Lüge gibt es in dem konventionellen Miteinander; wie abgrundtief kann die Entfernung sein zwischen Menschen, die sich in der Leidenschaft finden. Die gelebte Tragik des Lebens ist die gelebte Gottesferne, ist die abgrundtiefe Verschuldung in Sünde: Eigensucht, Selbstsucht, Macht und Ehrsucht, hysterische Eitelkeit und dergleichen. Der Psychologe sollte seinen Dienst in der Bewußtmachung von Sünde und Schuld erfüllen. Der Seelsorger sollte zur Vergebungs-

gewißheit im Beichtstuhl Gottes führen.
Als junger Pastor in Gifhorn wurde mir von einer Frau berichtet, die mit Krebs darniederlag. Sie war aus der Kirche ausgetreten. Die Gemeinschaftsleute erzählten mir, daß sie mit Gott und sich selber völlig zerfallen war. Eines Tages besuchte ich sie. Sie wunderte sich über den Besuch und fragte mich, wer ich sei. Als ich ihr sagte, ich bin der neue Pastor, richtete sie sich auf und schrie: »Hinaus, hinaus, für Pastoren ist kein Platz.« Ziemlich zerschlagen ging ich heim und dachte: Du siehst mich nie wieder. Als man mich nach dem Erfolg meines Besuches fragte, gab ich Bericht und fügte hinzu, es war völlig vergeblich. Die Antwort war: Unser vergeblich ist nicht Gottes vergeblich; wer sich aufregt, den hat Gott schon an der Leine. Nur wer jedes Gehör für Gott verloren hat, ist wirklich verloren.
Das Wort ging mir nach. Ich dachte: Kann es sein, daß ich ihr nicht Seelsorger war in der opfernden Liebe, die Jesus befohlen hat: »Ein neu Gebot gebe ich euch, daß ihr lieben sollt, wie ich euch geliebt habe. Daran wird jedermann er-

kennen, daß ihr meine Jünger seid.« Wo suchte die Liebe Jesu ihre Grenze? Mich packte die heilige Unruhe. Ich ging zum Gärtner und kaufte einen großen Strauß Rosen. Mit einem betenden Seufzer klopfte ich an die Tür. Zaghaft hörte ich ein »Herein«. Ich öffnete die Tür einen Spalt und streckte ihr die Rosen hin, indem ich sagte: »Darf ich Ihnen diese Rosen bringen? Darf ich reinkommen, wenn ich kein Wort von Gott und Christus sage?« Einen Augenblick war stille, dann sagte sie: »Kommen Sie herein.«

Nachdem ich die duftenden Rosen an ihr Bett gestellt hatte und wir die menschliche Nähe im Gespräch gefunden hatten, fragte sie plötzlich: »Warum sind Sie eigentlich Pastor geworden?« Ich erwiderte: »Das kann ich nur sagen, wenn ich mein gegebenes Wort breche.« – »Tun Sie es, bitte.«

Als ich ihr einfach bezeugte, was mir in meinem Leben Anstoß zur ewigen Bewegung wurde, drehte sie sich in ihren Kissen um und weinte herzzerreißend. Sie stammelte: »Bringen Sie mich zu Jesus.« – »Das ist das große Herzeleid, wenn um die Sünde die Seele schreit. Wenn die Träne rinnt um der Sünde Last,

wenn um die Sünde die Wang erblaßt«!
Hermann Bezzel sagt, daß der Schächer in seiner letzten Stunde noch Weinbergsarbeit betrieben habe. Er rief seinem Mordgesellen zu: »Wir sind zurecht darinnen, wir empfangen, was unsere Taten wert sind. Aber blick auf ihn: ER hat nichts Unrechtes getan.«
Die Veränderung jener Frau war die gleiche wie beim Schächer. Sie bezeugte nun nur noch allen, die sie besuchten, die Gnade, die durch Christus geworden ist und die ihr den Blickwechsel geschenkt hat, der nun Schrittwechsel in der Nachfolge wurde. Als ich sie zum letztenmal besuchte, sagte sie mir, ich solle bei ihrem Begräbnis über das Wort predigen: »Unser Glaube ist der Sieg, der die Welt überwunden hat.« Sie fügte hinzu, das Wunder des Glaubens hätte ich wohl nicht erfahren, wenn ich nicht krebskrank geworden wäre und wenn Sie nicht den Mut gehabt hätten, mich nochmal zu besuchen.
Die Wege der Seelsorge Gottes stehen oft im scheinbaren Widerspruch zu den Wegen der Psychologie. Der Idealzustand ist, indem beides geschieht.
Die grundlegenden Seins- und Sinnfra-

gen des Menschen kann man nicht psychotherapeutisch lösen. Schuld, Leid, Angst, Aggression – das Böse schlechthin: Was kann der Psychotherapeut hier tun? Vielleicht krankhafte Übersteigerungen auf ein erträgliches Maß zurückführen, einige Strategien zum Damit-Leben, das Gesunde als Gegenkraft zum Kranken stärken. Wenn viele Pfarrer heute mit der Psychotherapie liebäugeln, zeigt das oft den Tiefstand in geistlicher Vollmacht an. Seelsorger kann nur sein, wer durch Christus wurde, was er ist.

Als das Krelinger Glaubenswerk unter den segnenden Händen Gottes vor fast zwanzig Jahren geschenkt wurde, hatte ich nicht geahnt, daß es ein Seelsorgezentrum werden könnte. Es ist unser Wunsch, daß dies Werk in seinem psychologischen und seelsorgerlichen Auftrag immer mehr Modellcharakter bekommt für Diakonie und innere Mission. Was ist das für eine Freude, wenn soviele Rehabilitanden, wenn sie süchtig und depressiv zu uns kommen, die Brücke lebendig anschaulich machen, die von der Psychologie zur Seelsorge führt. Wenn sie an Leib und Seele geheilt sind, oder in unseren Ausbildungswerkstätten einen Beruf gefunden haben, werden sie ein Fanal der Gnade.

Wenn Diakonie Seelsorge ist, dann gilt auch heute noch das Wort mehr als je, das Wichern auf dem Kirchentag in Eisenach sagte: »Innere Mission ist immer Arbeit des heilserfüllten Volkes am heillosen Volk.« Jesu, wecke uns auf, daß wir die Stunde nicht verschlafen!

Ehemalige berichten

Joachim

geb. 1955, acht Jahre Drogenmißbrauch, bevor er zu uns kam. Von November '82 bis April '84 auf dem Glaubenshof zur Rehabilitation. Art der Drogen: Alles, kritiklos konsumiert, wie Haschisch, LSD, Valium, Barbiturade, Alkohol, Heroin und Kokain.

Fünf stationäre psychiatrische Behandlungen lagen bereits hinter ihm, als er zu uns kam, und der Stationsarzt wollte einer weiteren klinischen Behandlung nur dann zustimmen, wenn Joachim sich zuvor einer Langzeittherapie unterzogen hätte.

Als er zu einem Vorstellungsgespräch bei uns eintraf, reagierte er so verworren, völlig desorientiert und mit einem so immensen Rededrang, daß wir ihn noch am selben Abend in die psychiatrische Klinik (Niedersächsisches Landeskrankenhaus Lüneburg) bringen mußten. Nach fast vier Wochen kam er zu uns zurück und begann seine Therapie. Joachim selbst berichtet:

»Nach vielen Anläufen eine Therapiestelle zu bekommen, erhielt ich endlich aus meiner Verwandtschaft die Adresse von Krelingen und wurde hier auf Anhieb akzeptiert. Nur ein Klinikaufenthalt vorher ließ sich nicht vermeiden (mein Kopf war wieder einmal total verwirrt). Dort in der Klinik erhielt ich dann allerdings die vernichtende Diagnose: paranoide Schizophrenie unheilbar! – Doch es kam anders.

Als ursprünglich christlich erzogener Junge hatte ich mich nie bewußt für Jesus Christus entschieden, sondern im Gegenteil bewußt dagegen. In Krelingen nun durfte ich Menschen im Umgang erleben, die Jesus kannten (und ER sie!!!), und ich erinnere mich noch genau an die Bibelstelle: ›Ich bin der Herr, dein Arzt‹, die ich zu Anfang immer wieder zu hören bekam und die eine Antwort für mich auf meine Abhängigkeit und Krankheit wurde.

Nach nur etwas länger als einem Monat wollte ich die Hand, die Jesus mir entgegenhielt, nicht länger ausschlagen und bat ihn, wenn er es wolle, mit meinem

Leben doch noch etwas anzufangen. Ich jedenfalls wollte es ihm übergeben mit all der Schuld und Verstrickung, die daran haftete.

Ich darf bezeugen, daß er wollte. Und wie!!! – Nach sechzehn Monaten Glaubenshof, mit mancher Ernüchterung, etlicher Unlust und manch freundlichem ›Tritt-in-den-Hintern‹ (wortwörtlich), erlebte ich Jesu Gegenwart in meiner Umgebung, die wie geschaffen war, um erste Glaubensschritte zu tun. Einerseits erhielt ich hier immer wieder Korrekturen und Wegweisung, andererseits die Gelegenheit, weiterzuerzählen, was Jesus an mir getan hat. Zunächst auf dem Hof, im Werk und später bei Veranstaltungen draußen.

Nach etwa zwei bis drei Monaten waren die letzten Symptome geistiger Verwirrung verschwunden und sind bis heute – fünf Jahre später – nicht wieder aufgetaucht. Der Herr mein Arzt! Und zwar ein so gründlicher, daß meinem Aufenthalt in Krelingen eine noch hochqualifiziertere Berufsausbildung folgen konnte.

Dem dringenden Rat folgend, nicht mehr in die alte Heimat zurückzukehren, suchte und fand ich Aufnahme bei Verwand-

ten in Westfalen. Meine geistliche Heimat wurde hier der Jugendbund für EC. Als riesengroßes Geschenk bekam ich durch Gottes Führung eine Ausbildung in einer neueröffneten Berufsfachschule für Informatik (Computertechnologie) in Hannover, schloß diese nach zwei Jahren erfolgreich ab und fing direkt am nächsten Tag in Bielefeld an, in diesem Beruf zu arbeiten. Bis heute macht er mir Freude, wie am ersten Tag.
Vor etwa einem Jahr bestätigte sich dann der letzte Hinweis, den ich in Krelingen mit auf den Weg bekommen hatte: ›Jesus hat bestimmt irgendwo einen Platz, an dem Du an seinem Reich mitbauen sollst. Sag' nicht nein, wenn das auf dich zukommt!‹ Mein damaliger Jugendbundleiter übergab mir sein Amt und ich versuche seither, mit der Hilfe meines Herrn Jesus Christus, dieser und eben auch allen anderen Anforderungen gerecht zu werden. Es ist nicht immer leicht, aber ich erhalte so oft »Sonderzulagen« von meinem Herrn, daß ich mich immer wieder durchgetragen fühle. Hoffentlich vergesse ich für all das nie die Dankbarkeit – der Herr hat Großes an mir getan!

Helmut

32 Jahre alt, ohne Beruf. Ich kam im Januar 1980 nach über 10jähriger Drogensucht (hauptsächlich Heroin) nach Krelingen. Nach vielen Krisen, Rückfällen fand ich schließlich zum Glauben an Jesus, der mein Leben neu in die Hand nahm.
Bei mir hatte ER es dabei nicht leicht. Es war oft ein sehr harter Kampf zwischen Gott und mir und der Sucht und allem Vergangenen. Aber Jesus war und IST stärker!
Jetzt bin ich einige Jahre frei, bin glücklich verheiratet, gehöre einer Freien evangelischen Gemeinde an, studiere im ersten Semester, habe vorher zweieinhalb Jahre gearbeitet. Wir betreuen regelmäßig Fixer im Knast. Menschen, die eine Therapie hinter sich haben und nun in unserer Stadt leben, versuchen wir mit Gottes Hilfe zu unterstützen. Es ist erstaunlich, wie Gott mich als ehemals hoffnungslosen Fall nun benutzt, anderen zu helfen.
Es ist oft kein leichter Weg mit Jesus, aber es ist der einzige, der hilft, auch viel Freude macht und zum Ziel führt. Ich

habe die meisten Wege der Welt hinter mir, und möchte nur **den** mit Jesus nicht missen.

Herbert

31 Jahre alt, Fernmeldeinstallateur, von Mai '81 bis April '82 Therapie in Krelingen nach vielen Jahren Drogenkonsum, Freiheitsentzug. Weihnachten 1981 wurden wir von Pastor Kemner getraut. Meine Frau Elke – auch abhängig – lebte im Anschluß daran mit mir zusammen auf dem Glaubenshof.
Gott schenkte uns zwei Töchter: Melanie, fünf Jahre, und Anke, drei Jahre alt. Nach meiner Therapie machte ich bei der Firma DE Te We, Stuttgart, als Fernmeldemonteur beruflich einen Neuanfang. Seit Mai '87 bin ich als Installationstechniker, dann als technischer Installationsberater tätig.
Seit Krelingen versuchen wir, unser Christsein im Alltag zu praktizieren. Unsere geistliche Heimat fanden wir in der Kirchengemeinde und vor allem auch im Hauskreis, der sich in unserer Wohnung trifft. Mitarbeit in der Teestube.

Unsere Schwierigkeiten erleben wir immer wieder da, wo wir mit den Problemen, die jedes Leben so mit sich bringt – Ehe, Familie, Beruf – fertig werden müssen. Aber gerade hier erfahren wir die Hilfe unseres Herrn und unserer Geschwister. Dankbar sind wir auch, daß uns Jesus vor einem Rückfall bewahrt hat. Wir leben seit Krelingen Drogen-, Alkohol- und Nikotin-frei.

Georg

34 Jahre alt, 15 Jahre drogenabhängig, 44 Monate in Haft, von Dezember '83 bis März '85 in Krelingen. Sehr schnell übergab ich mein Leben dem HERRN Jesus. Im persönlichen Leben habe ich mit der Vergangenheit Schluß gemacht: Bücher, Bilder, Musik wurden verbrannt, Diebstahl und Scheckbetrug mit Hilfe des HERRN bereinigt, das Verhältnis zu meiner Familie in Ordnung gebracht.
Meine Frau lernte ich während der Therapiezeit im Krelinger Missionsgebetskreis kennen. Am 15. 8. 87 wurden wir von Pastor Kemner in der Kirche in Krelingen getraut.

Nach der Therapie machte ich in Süddeutschland eine Umschulung als Landwirt. Nun bin ich bei der Gemeinde angestellt. Wir haben uns einer klarstehenden Methodistengemeinde angeschlossen. In Verbindung mit dem Gideon Bund verteile ich NT's und Traktate. Wir kümmern uns privat um Außenstehende der Gesellschaft.
Wir erleben Gebetserhörungen. Der HERR läßt uns nicht alleine. Das bislang größte und eindrucksvollste Erlebnis mit dem Herrn war folgendes: Im Juli '87 wurden fast alle unsere Sachen wie Möbel, Kleidung, Elektrogeräte, Auto etc. bei einer Hochwasserkatastrophe zerstört. Das geschah kurz vor unserer Hochzeit. Wir wußten nicht mehr weiter und sagten Gott unsere Not. Was geschah? Wir fanden ein vollmöbliertes Haus mit Geschirr, Wäsche etc. Psalm 34, 7 wurde zur Wirklichkeit: »Sehet, ein Armer rief und der HERR hat gehört, ER hat ihn erlöst aus aller Bedrängnis.«

Bernd

24 Jahre alt, ohne Beruf, fünf Jahre Drogenkonsum, Gefängnis, März '86 bis Juli '87 Therapie in Krelingen.
Als ich die Therapie vor sechs Monaten verließ, wußte ich noch gar nicht so recht, wie es weitergehen sollte. Ich wußte nur: Im alten Trott kann es nicht weitergehen, ich stehe auf einem neuen Fundament. Und gerade in dieser Zeit des »Mich-fallen-lassens« habe ich besonders erleben dürfen, wie wunderbar Gott mich in allen Nöten und Belangen umsorgt hat: Ich wußte nicht wohin – ER gab mir eine Unterkunft; ich suchte eine Arbeit – ER legte mir einen Ausbildungsplatz buchstäblich vor die Haustüre; ich suchte eine Gemeinde – ER führte mich dorthin (Mennoniten); ich suchte Freunde – ER schenkte Brüder; ich war hilflos – ER. . .
In allen Dingen hat ER es wunderbar hinausgeführt. Er gibt meinem Leben neuen Stand.
»Wäre der HERR nicht mein Helfer gewesen, so wohnte meine Seele wohl schon im stillen Land. Sooft ich sprach: Mein Fuß will wanken! hat deine Gnade, HERR, mich immer gestützt. Bei der Menge mei-

ner Sorgen in meiner Brust haben deine Tröstungen mir das Herz erquickt.« Psalm 94, 17–19.

Andrè

28 Jahre alt, ohne Beruf, Dezember '84 bis Mai '86 in Krelingen gewesen nach 10 Jahren Drogenkonsum, 5 Jahre Freiheitsentzug. Verheiratet mit Brigitte, Versicherungsangestellte, keine Drogenerfahrung.
Bereits zwei Wochen nach Beendigung der Therapie in Krelingen hatte ich eine Arbeitsstelle. Es bestehen gute Kontakte zur Umwelt, d. h. Arbeitskollegen, Nachbarn und natürlich zu Glaubensgeschwistern.
Wir haben eine sehr schöne Wohnung in Gemeindenähe gefunden. Im April '87 kam unser erster Sohn Simon zur Welt. Seitdem geht Brigitte nicht mehr arbeiten. Wir sind eine kleine Familie, und der Alltag wird sehr durch unseren Sohn geprägt.
Beruflich konnte ich mich zweimal finanziell verbessern, so daß ich jetzt unsere Familie allein ernähren kann. Als Ge-

meindeglied der evangelisch freikirchlichen Gemeinde habe ich mich sehr gut eingelebt. Neben den Gottesdiensten, Bibelstunden, Gebetsabenden gebe ich mich, soweit es zeitlich geht, bei der Mitarbeit in der Gemeinde ein.
Wenn ich auf die eineinhalb Jahre »nach Krelingen« zurückschaue, steht mir als erstes mein Sohn vor Augen und die Existenz, die ich mir wieder aufbauen durfte. Ich staune immer wieder, wie wohl der HERR Jesus es mit uns meint, wenn wir IHN allein in den Mittelpunkt unseres Lebens stellen.

Matthias

26 Jahre alt, Tischlergeselle. Vom Sommer '84 bis Sommer '86 verbrachte ich zwei Jahre in Krelingen, davon das erste Jahr in der Intensivtherapie und das zweite in der Nachsorge im Waldhaus. Während des zweiten Jahres machte ich in der Abendschule meine Mittlere Reife nach und arbeitete tagsüber als Schreinergeselle in der Tischlerei des Rüstzentrums. Diese Kombination von allgemeinbildendem Unterricht und hand-

werklicher Arbeit gefiel mir so gut, daß ich im Herbst '86 am Bodensee eine Ausbildung als Arbeitserzieher begann, die im Sommer '88 endet. Als Arbeitserzieher kann ich mit Menschen unterschiedlicher Behinderungen in bestehenden Einrichtungen zusammenarbeiten (geistig Behinderte, psychisch Kranke, Suchtmittelabhängige).
Seit ich von Krelingen weggezogen bin, habe ich Freunde gewonnen, Streit und Spannungen erlebt, Schwierigkeiten der Ausbildung gemeistert, schöne und langweilige Tage erlebt und gemerkt, daß ich nicht besser oder schlechter dran bin als andere Leute, die nie drogenabhängig waren. Ich bin vielleicht in manchen Dingen gefährdeter. Ich bin dankbar und froh, daß ich in Krelingen und danach Menschen kennengelernt habe, die mir in ihrem Leben als Christen zu Vorbildern und Richtungsweisern geworden sind, die mir vertrauenswürdig schienen und an denen ich mich orientieren konnte. Mir wurde dort geholfen, und in der Nachfolge Jesu Christi wurden mir die leeren Hände gefüllt, so daß ich nun weitergeben und bezeugen kann.

Weitere Bücher von Heinrich Kemner in unserem Verlag:

Von der Lehre zum Leben

– nach Hermann Bezzel –

RKW 203 · 47 Seiten · 3,30 DM

Wir müssen in unserem Leben und Dienst von der Lehre zur Erweckung und Bekehrung (= zur Heimkehr des ganzen Menschen zum Quell und Ziel des Lebens) finden und führen. Ein kleines Buch für mitarbeitende Christen, das tiefe Erkenntnisse bringt.

Spiel nicht mit dem Feuer

– Gefährliche Kraftfelder zwischen Himmel und Hölle –

RKW 218 · 48 Seiten, Taschenbuch
3,30 DM

Wer sich aus Neugierde, leichtfertig oder ahnungslos mit okkulten Mächten abgibt, wagt ein gefährliches Spiel mit dem Feuer. Schnell kann die Hörfähigkeit auf die Stimme Jesu und damit die Ewigkeit verspielt werden. Ein hilfreiches, kleines Buch zum Weitergeben an Gefährdete und zur Information.

Brennpunkt zwischen zwei Welten

– Erlebnisse und Gedanken –

RKW 211 · 110 Seiten, Taschenbuch
5,80 DM

Es ist eine besondere Gabe Heinrich Kemners, die vielen Erlebnisse und Begegnungen seines reichen Lebens in die Botschaft von Jesus Christus, in Fragen zum praktischen Leben als Christ, plastisch hineinzunehmen. Die Erlebnisse und Gedanken können uns eine Hilfe sein, auf dem Weg im **Brennpunkt zwischen zwei Welten** bestehen zu können.

Simon Petrus –
Die Geschichte einer Wandlung –
RKW 411 · 100 Seiten, Paperback
8,80 DM

Für den Autor ist die Lebensgeschichte des Petrus die Geschichte einer Wandlung. Nichts bleibt unberührt von der umgestaltenden Kraft Jesu. Im Handeln Jesu an Petrus erkennen wir das Handeln Gottes an uns.

Das Abenteuer mit Jesus
RKW 204 · 45 Seiten · 2,80 DM

Heinrich Kemner fordert uns auf, das Abenteuer mit Jesus zu wagen. Aus dem Inhalt: Suche nach dem Lebenssinn; Mut zur Umkehr; Sehnsucht; Glaubensgewißheit; Die Entscheidung. Ein missionarisches Buch zur weiten Verbreitung.

Der vergessene Krug
– Erlebnisse und Gedanken –
RKW 214 · 126 Seiten, Taschenbuch
6,80 DM

Da steht am Brunnen vor dem Stadttor in Sichem ein vergessener Krug. Eine Frau ließ ihn stehen. Ein fremder Mann hatte sie um Wasser gebeten. Das anschließende Gespräch wurde zu einer Begegnung, die ihr Leben aus dem Leerlauf zu einem erfüllten Bezug brachte.
Jesus Christus, dieser Mann, steht im Mittelpunkt der kurzen Geschichten und Gedanken, die Heinrich Kemner aus dem reichen Schatz seiner Erfahrungen mitteilen möchte.

Unsere Verlagsproduktion umfaßt Bildbände und andere Bücher, Foto-Poster, Kalender, Raumbilder, Karten usw. Fragen Sie nach unserer Produktion oder fordern Sie Prospekte an!